AF460570

7 MAI 1866

V 58

CATALOGUE

D'OBJETS D'ART

ARMES, BIJOUX, FAIENCES, ÉMAUX, IVOIRES, MEUBLES

DEUX BACCHANTES, MARBRES PAR POLLET

TABLEAUX ANCIENS

*Formant la Collection de M. de ****

DONT LA VENTE AURA LIEU

HOTEL DROUOT

SALLE N° 1

Le Lundi 7 Mai 1866, pour les Curiosités,
Et le Mardi 8 Mai, pour les Tableaux,
A DEUX HEURES

Par le Ministère de Me **ROGUET**, Commissaire-Priseur,
rue Pernelle, 1.

ASSISTÉ DE

M. **HORSIN DÉON**, Peintre
rue Chabanais, 1.

M. **GUILLAIN**, Expert
pour les Curiosités.

EXPOSITION PUBLIQUE

Le Dimanche 6 Mai 1866, de une heure à cinq heures.

PARIS

RENOU & MAULDE

IMPRIMEURS DE LA COMPAGNIE DES COMMISSAIRES-PRISEURS

Rue de Rivoli, 144.

1866

CATALOGUE

D'OBJETS D'ART

ARMES, BIJOUX, FAIENCES, ÉMAUX, IVOIRES, MEUBLES

DEUX BACCHANTES, MARBRES PAR POLLET

TABLEAUX ANCIENS

Formant la Collection de M. de ***

DONT LA VENTE AURA LIEU

HOTEL DROUOT

SALLE N° 1

Le Lundi 7 Mai 1866, pour les Curiosités,

Et le Mardi 8 Mai, pour les Tableaux,

A DEUX HEURES

Par le Ministère de Me **ROGUET**, Commissaire-Priseur,
rue Pernelle, 1,

ASSISTÉ DE

M. **HORSIN DÉON**, Peintre	M. **GUILLAIN**, Expert
rue Chabanais, 1.	pour les Curiosités.

EXPOSITION PUBLIQUE

Le Dimanche 6 Mai 1866, de une heure à cinq heures.

PARIS
RENOU & MAULDE
IMPRIMEURS DE LA COMPAGNIE DES COMMISSAIRES-PRISEURS
Rue de Rivoli, [illegible]

1866

CONDITIONS DE LA VENTE

Elle sera faite au comptant.

Les Acquéreurs paieront en sus de leur prix d'adjudication, CINQ CENTIMES par franc, applicables aux frais de la Vente.

DÉSIGNATION

DES

OBJETS D'ART

Bijoux et Miniatures.

1 — Petite Montre Louis XV en or; le couvercle de ce délicieux bijou entièrement serti de roses, le revers accompagné des mêmes ornements, le mouvement entièrement à jour et enrichi de pierres du plus brillant aspect.

2 — Autre petite Montre enrichie de pierres disposées avec infiniment de goût.

3 — Broche du XVIe siècle en or émaillé.

4 — Bracelet en corail de travail italien ; le centre formé d'un mascaron.

5 — Broche en vermeil avec émaux et pierreries.

6 — Souvenir Louis XVI en vernis Martin fond rouge, avec monture en or ciselé, enrichi de deux médaillons en grisaille par Sauvage.

7 — Carnet en vernis Martin fond rouge, *Ayant appartenu à Louis XVI.* Il est enrichi de deux émaux en grisaille dans des médaillons en or ciselé; tout autour une bande en or gravée et émaillée du plus beau style; le crayon lui-même et les fermoirs sont en or ciselé.

8 — Très-beau Flacon de forme aplatie en cristal de roche avec riche monture Louis XV en or.

9 — Boubonnière Louis XVI en écaille blonde avec parements en or guilloché et colonnettes en or incrusté.

10 — Tabatière Louis XVI de forme ovale en or guilloché et ciselé avec bordure en or vert d'une très-belle conservation. — Poids 130 grammes.

11 — Autre Tabatière Louis XVI en or guilloché avec ornements en relief, de forme allongée avec pans coupés aux extrémités. Son écrin est en galuchat. — Poids 114 grammes.

12 — Cinq autres Tabatières de même époque en écaille et ivoire enrichies de miniatures et cerclées en or.

13 — Miniature de femme : jeune fille sous le costume d'une religieuse.

14 — Trois autres Miniatures très-fines. (Pourront être divisées.)

15 — Une suite de seize boutons Louis XVI, avec charmantes peintures du temps sur fond d'ivoire.

16 — Une Pièce de monnaie en or.

17 — Une autre.

Armes et Argenterie.

18 — Une paire de Pistolets tunisiens à silex, avec canons en fer ciselé; les extrémités garnies en argent gravé et ciselé, les crosses en cuivre gravé, ciselé et découpé à jour.

19 — Autre paire de Pistolets vénitiens à silex. Les canons en damas damasquinés d'argent, les ornements en argent filigrané et les bois richement incrustés d'argent.

20 — Sabre oriental en damas uni; la poignée en argent niellé avec caractères orientaux et ornements damasquinés en argent doré; le fourreau en cuivre repoussé.

21 — Un autre en très-beau damas; la poignée en argent niellé et le fourreau en cuir gaufré.

22 — Très-beau Sabre chinois à deux lames; le fourreau en écaille et les ornements en cuivre gravé.

23 — Riche Poignard oriental à lame gravée en damas lisse; la poignée en argent niellé et le fourreau en argent repoussé.

24 — Autre Poignard oriental en damas uni; la poignée et le fourreau en cuivre repoussé.

25 — Deux petits Poignards marocains; les lames en fer bleui, les poignées en os veinés de cuivre et marqueterie.

26 — Coquille d'épée en bronze ciselé à figures.

27 — Deux Poudrières persanes en damas, avec riches ornements en fer ciselé et découpé à jour.

28 — Cartouchière du Maroc en cuir rouge incrusté d'ornements en cuivre et en étain.

29 — Une autre à peu près analogue recouverte d'une étoffe noire avec ornements en cuivre et tissés d'argent fin.

30 — Charmant petit étui en fer damasquiné d'argent.

31 — Petite Théière en vieil argent ciselé. Le goulot est très-élégamment terminé par un bec de cygne.

32 — Très-belle Saucière en vieil argent, avec petites frises sur le plateau, à la base et aux bords supérieurs. La poignée est terminée par une tête de cheval.

33 — Une Truelle à poisson en argent gravé représentant un sujet analogue à son usage.

Émaux et Ivoires.

34 — Très-beau Christ en ivoire sculpté d'une grande finesse d'exécution et d'un très-beau caractère. Il est enrichi d'une bordure en bois sculpté, à figures, époque de Louis XIV.

35 — Autre Christ en ivoire d'un développement considérable et d'une exécution superbe. *Œuvre* d'un de nos meilleurs sculpteurs du XVIIe siècle.

36 — Deux Verres peints dans le goût des vidrecomes allemands.

37 — Coupe festonnée en Bohême de diverses couleurs avec monture en bois sculpté.

38 — Email italien Louis XIII dans une très-belle bordure en bronze.

39 — Email de Limoges? dans une très-belle bordure italienne en bois sculpté.

Faïences et Porcelaines.

40 — Grand Plat avec riche marli en faïence de Pesaro ; au centre, un paysage.

41 — Cornet en faïence siculo-mauresque d'un galbe superbe et d'une très-ancienne fabrication.

42 — Plaque en faïence italienne, fabrique d'Urbino, décorée d'une armoirie.

43 — Autre Plaque avec sujets de figures et ornements de la Renaissance.

44 — Plat creux en faïence de Ginori; au centre, une tête casquée avec inscription sur une banderole.

45 — Autre Plat de même fabrique; ses ornements de style Renaissance remplissent les conditions d'une fabrication très-soignée.

46 — Très-beau Plat octogone en faïence de Moustier d'une rare finesse, avec décor de Bérain.

47 — Un autre plus petit de la même forme et du même décor.

48 — Un autre à bords arrondis d'un décor à peu près analogue.

49 — Un autre plus petit, à huit pans arrondis, de même fabrication et d'un délicieux décor.

50 — Petite Tasse trembleuse en Sèvres, décorée d'un semis de pois or sur fond blanc.

51 — Très-belle Assiette en porcelaine de Paris, décorée d'une riche bordure de fleurs et entrelacs, et montée en bronze à jour.

52 — Vase en porcelaine de la fabrique de Capo-di-Monte ; sur la panse, un bas-relief circulaire composé de figures d'un très-beau style.

53 — Un Cabaret en porcelaine barbeau.

54 — Un Sucrier en ancien Chantilly, pâte tendre, décoré de bouquets de fleurs.

55 — Petit Pot à crème de même fabrique, décoré de fleurs et d'insectes.

56 — Deux Salières en porcelaine de Sèvres, décorées de bouquets.

57 — Deux Vases en vieux Chine montés en bronze.

58 — Deux Coupes en Chine montées en bronze.

59 — Deux Plats en vieux Chine richement émaillés.

60 — Bouteille en grès des Etats de Nassau, de forme aplatie, enrichie de nombreuses étoiles émaillées de bleu, gris et violet; dans deux cartouches ovales, les armes de l'Empire d'Allemagne.

61 — Dix Vases divers en grès et faïence, de décors variés.

62 — Plusieurs très-belles Assiettes en porcelaine de Chine et du Japon.

Bronzes et Meubles.

63 — Lit Louis XVI en bois sculpté, capitonné. Il est accompagné de son baldaquin, également en bois sculpté.

64 — Portique monumental en ébène, d'un excellent travail italien et d'une disposition habilement comprise.

65 — Un Canapé et six Fauteuils, époque Louis XVI.

66 — Quatre Bois de fauteuils dorés Louis XV.

67 — Cinq Chaises Louis XVI.

68 — Meuble de salon époque Louis XV, richement recouvert en tapisseries représentant de gracieux sujets de l'Ecole française, d'après les meilleurs maîtres du temps; il se compose d'un canapé et douze fauteuils. — Ce meuble, si rare aujourd'hui, n'a pas été déplacé depuis 1811 du Salon qu'il occupait.

69 — Très-riche Pendule, forme lyre.

70 — Pendule ronde, époque Louis XVI.

71 — Grande et belle Garniture de cinq pièces richement laquées, avec ornements et figures de mandarins en relief.

72 — Petite Glace Louis XIII dans une bordure noire finement guillochée.

73 — Deux Torchères : figures italiennes en bois rechampi de blanc, avec rehauts d'or ; elles reposent sur des socles triangulaires en bois sculpté qui les complètent d'une façon très-élégante.

74 — Lustre Louis XIV en cristal de roche à neuf lumières. Les nombreuses pièces, pendentifs, boules et poires qui l'enrichissent sont d'une pureté et d'un développement extraordinaires.

75 — Lustre de salle à manger de style flamand à neuf branches, d'une forme spécialement intéressante et d'un développement important.

76 — Très-belle Coupe en bronze décorée de feuillages en relief; socle en marbre noir incrusté d'ornements en rouge.

77 — Deux Vases en bronze de forme persane ; les anses, très élégamment détachées, les panses décorées d'oiseaux et de fleurs; ils reposent sur des socles en marbre rouge.

78 — Figurine en bronze florentin de la fin du XVIe siècle.

79 — Reliquaire Renaissance en cuivre repoussé et doré. Les colonnes qui supportent le pyramidion sommées de mascarons d'une extrême finesse ; à la base, des émaux ; figures en parfait état de conservation.

80 — Cinq Plats du XVe siècle en cuivre repoussé, de travail italien ; quatre portent des inscriptions en lettres gothiques. (Seront divisés.)

Objets variés.

81 — Chimère en vermeil, de travail chinois.

82 — Une suite importante de vieux Cuir de Cordoue.

83 — Huit Vitraux représentant des sujets religieux.

84 — Deux Bordures Louis XIII en bois sculpté formant pendants.

85 — Deux autres en bois sculpté et doré.

86 — Garniture d'ombrelle composée de quatre pièces en vermeil.

87 — Portrait d'Homme sur bois, dans le goût d'Holbein.

88 — Petite Bordure Louis XV en bois sculpté et doré ; dans le haut, un mascaron.

89 — Une paire de Babouches de Bagdad, tissus en or fin.

90 — Deux autres paires brodées or et argent, sur velours violet.

SCULPTURE

POLLET

91 — Bacchante.

92 — Id. Son pendant.

Ces deux charmantes figures sont de marbre ; elles ont été reproduites en bronze et publiées avec grand succès.

DÉSIGNATION

DES

TABLEAUX

ÉCOLES ALLEMANDE, FLAMANDE ET HOLLANDAISE

BISCAYE

93 — La Glorification de la Vierge.

Marie est agenouillée sur un nuage et soutenue par des anges. Le Saint-Esprit plane au-dessus de sa tête sur laquelle Dieu le Père et Jésus-Christ posent une couronne.

EECKHOUT (A. VAN DEN)

94 — La Présentation au Temple.

HAGEN (JAN DER)

95 — Paysage.

HONTHORST (GÉRARD)

96 — Un Buveur. Effet de lumière.

LAIRESSE (Gérard de)

97 — Têtes de guerriers.

98 — Le Printemps.

LAMBRECHT

99 — Intérieur villageois.

LELY (le chavalier)

100 — Portrait d'homme.

Il est vu en buste, maintenant de la main droite son manteau sur son épaule.

Portrait d'un bel aspect.

MOOR (Carle de)

101 — Enfant jouant avec un chien.

MOUCHERON (Frédéric), le père

102 — Paysage.

P. W. (Signé)

103 — Mer agitée.

REMBRANDT (Attribué à)

104 — Un Lion.

REMBRANDT (École de)

105 — Agar chassée par Abraham.

TILLEMANS (S. P.)

106 — Fruits.

ULFT (J. van der)

107 — Paysage marine.

Sur le rivage auquel divers bâtiments sont amarrés, s'élève un arc de triomphe.

VERDUSSEN

108 — Un Cheval de labour.

WATTIDI (Signé 1841)

109 — Le Départ des Croisés.

Composition importante et précieusement exécutée.

(Porcelaine.)

WYTMAN (Mathieu)

110 — Un Joueur de violon.

ÉCOLE FRANÇAISE

BAPTISTE MONOYER

111 — Vase de fleurs.

Un vase de cuivre ciselé contenant un bouquet de fleurs, est posé sur l'appui d'une terrasse qu'enlacent des vignes vierges et des branches de rosier.

BAPTISTE MONOYER

112 — Vase de fleurs.

Il est déposé dans une niche de marbre blanc ornée de pilastre. Une draperie rouge est jetée derrière le vase.

113 — Vase de fleurs. Pendant du précédent.

Dessus de porte, clairs et d'une brillante couleur.

BEAUBRUN

114 — Portrait de la duchesse de Longueville.

BUTTERWORTH (LE JEUNE)

115 — Une Tempête.

116 — Après la Tempête.

CHARPENTIER

117 — Tête de jeune Fille.

CRÉPIN

118 — Paysage avec cascade.

DELACROIX (EUGÈNE)

119 — Esquisse de son tableau l'Intérieur du Harem.

GROS (le baron)

120 — Tête d'étude.

JUSTIN OUVRIER

121 — Étude de paysage.

LAFON (Signé)

122 — Le Courrier.

Il remet un message autrichien à Marie-Louise, qui se promène avec l'Empereur dans le parc de Saint-Cloud.

MIGNARD (Pierre)

123 — Portrait présumé de Mme de Sévigné.

124 — Portrait de la duchesse de Beaufort.

PRÉVOT

125 — Paysage boisé et accidenté.

RIGAUD (École de H.)

126 — Portrait de femme. Buste.

SCHMIDT

127 — Le Chêne et le Roseau. Paysage.

ÉCOLE ITALIENNE

CAVEDONE (Jacopo)

128 — Repos de la Sainte Famille.

Deux anges dont l'un est agenouillé, offrent dans un plat d'or des fruits à l'Enfant-Jésus assis sur les genoux de sa mère. Saint Joseph se voit un peu en arrière.

FALCONE

129 — Une Bataille.

GUIDE

130 — Une Amazone.

Vue en buste, coiffée d'un casque et revêtue d'une armure, elle tient un sabre dans sa main droite, une draperie rouge est jetée sur son épaule gauche.

LAGILI

131 — Tableau de salle à manger.

Des fruits, des fleurs et un perroquet.

PLANUS (Signé Antoine)

132 — Portrait de femme.

VALDES LÉAL

133 — La Vierge et deux Saints.

La Sainte Vierge est debout sur un nuage, entourée d'anges. Saint Augustin à sa droite et une Sainte à sa gauche, sont agenouillés à terre et l'adorent.

ZELOTTI

134 — Paysage et animaux.

PAR & D'APRÈS LES MAITRES SUIVANTS :

134 — **FERDINAND BOL.** Portrait d'homme.

135 — **MANGLAR.** Paysage-Marine. Effet de nuit.

136 — **DU MÊME.** Une Tempête.

137 — **SWART** (JEAN). Paysage, Figures et Animaux.

138 — **RUBENS.** Sujet allégorique. Demi-figure.

139 — **PAUL BRIL.** Paysage.

141 — **ISAAC VAN DE VELDE.** Une Tempête.

142 — **SALVATOR ROSA.** Un Magicien.

143 — **CARRACHE.** Hercule.

144 — **GILLOT.** Un Guitariste.

145 — **BONINGTON.** Une Plage.

146 — **HENRI DE MARSEILLES.** Une Tempête.

147 — **DE TROY.** Portrait de femme. Buste.

148 — **GRASSIS DE PRADEL.** Portrait de Vincent Zuccaro.

C'est un jeune sicilien âgé de 6 ans, d'un talent extraordinaire pour le calcul.

149 — **INCONNU.** L'Automne. Allégorie.

150 — **ÉCOLE ALLEMANDE.** Renaud et Armide.

151 — **ÉCOLE ESPAGNOLE.** Saint Françoisd'Assise.

152 — **ÉCOLE ANGLAISE.** Une petite Fille.

153 — **GIRODET.** La Douleur.

154 — **DU MÊME.** Pâris et Hélène. (Esquisse.)

155 — **RAPHAEL.** Sainte Famille.

156 — **CARLE MARATTE.** La Prudence. Pendentif.

157 — **DU MÊME.** La Vérité. Son pendant.

158 — **PRUD'HON.** Etude de femme.

Dessin à l'estompe et au crayon blanc.

159 — **LESUEUR.** Prédication de saint Bruno.

160 — **CASANOVA.** Choc de cavalerie.

161 — **GUIGNET.** Paysage. Imitation de Salvator.

162 — **ZURBARAN.** Virgile.

163 — **CHATILLON.** Un Paysage. Étude.

164 — **INCONNU.** Un Ane à l'écurie. Étude.

165 — **RÉGNIER.** Vue du Château Gaillard.

166 — **GREUZE.** Esquisse de tête.

167 — **INCONNU.** Sujet pastoral. Dessus de porte.

168 — **POUSSIN.** Étude.

169 — **ÉCOLE D'ITALIE.** Un Sacrifice. Étude.

170 — **ÉCOLE MODERNE.** Deux Études de paysage.

171 — **PÉRUGIN.** Saint Sébastien.

172 — Saint Dominique, son histoire en médaillons.

173 — **MINIATURES.** Deux Saintes.

174 — Les Disciples d'Emmaüs.

175 — **ÉCOLE DE FONTAINEBLEAU.** Le Sommeil de Vénus.

176 — **LAGRENÉE.** Naissance de Bacchus.

177 — **JEAURAT**. Panier de Prunes.

178 — **BOISSELIER**. Le Berger de Virgile.

179 — **CHARLET**. Étude d'homme. (Pastel.)

180 — **DROLIN**. Retour de la fille repentante.

181 — **ÉCOLE FRANÇAISE**. Quatre Portraits : un de Louis XIV et trois des dames de sa cour.

182 — **ÉCOLE FRANÇAISE**. La Cène.

Ce tableau est bordé d'un cadre en bois sculpté d'une grande finesse.

183 — **FLAMAND EN ITALIE**. Ensevelissement du Christ.

184 — **ÉCOLE D'ITALIE**. Le bon Pasteur.

185 — **ÉCOLE DE FONTAINEBLEAU**. Décollation de saint Jean.

186 — **JOLY**. Mme de Pompadour. (Pastel.)

187 — **BOCCIARDO** (Domenico). Saint François d'Assise.

188 — Paysage.

189 — Portrait d'homme. (Pastel.)

190 — Portrait de femme. (Pastel.)

191 — **PATER**. Le Baiser donné.

192 — **GÉRÉ**. Deux Paysages.

Renou et Maulde, imprimeurs de la Compagnie des Commissaires-Priseurs,
rue de Rivoli, 144. 51286

www.ingramcontent.com/pod-product-compliance
Ingram Content Group UK Ltd.
Pitfield, Milton Keynes, MK11 3LW, UK
UKHW020537180726
13839UKWH00006B/2575